¡A CONVERSAR!

D1296801

Tara Bradley Williams

Special thanks to Jodie Parys, PhD, Maribel Borski,
Lidia Lacruz Amorós & Vandre Graphic Design, LLC

¡A Conversar! 4 - Student Workbook

ISBN: 978-1-934467-71-8

Tara Bradley Williams

Published by Pronto Spanish Services, LLC, P.O. Box 92, Lake Mills, Wisconsin 53551
www.ProntoSpanish.com

Table of Contents

¡Bienvenidos!

You are about to embark upon a hands-on, fun Spanish conversation course that is probably unlike most courses you have taken in the past. All of our activities try to "immerse" you into real-life Spanish and push your conversational skills to the limit. For some of you, verb charts and tenses may be new--especially if you have taken previous Pronto Spanish courses. For many others, it is simply a refresher to help you move your Spanish skills on to the next level. Wherever you are, rest assured that our focus is to get you to speak and use the language--not to make you a linguist.

At Pronto Spanish, we do not to inundate you with grammar rules, but rather, give you "just enough" to help you communicate--no more, no less. We do not strive to be "all things to all people." Rather, we focus on providing quality exercises and fun stories to help you acquire the language. If you feel like you need more grammar explanations, please go to your local bookstore or ask your instructor for recommendations on one of the many wonderful Spanish grammar books that would fit your needs.

If you have any comments or suggestions on how we can improve this course and workbook, please write us at: comments@prontospanish.com. We look forward to hearing from you!

Tips for Learning Spanish

- RELAX! Let your guard down and have some fun. Remember many Spanish-speakers and immigrants try just as hard to learn English!

- Listen for "cognates" (words that sound similar in Spanish and English). For example, "communication" is "comunicación".

- Use your face and hands to express yourself. Gesturing, pointing, and touching things all help to convey the message.

- Focus on the "big picture." Your goal is to communicate, not to understand each and every word. If you do not understand a few words (or even sentences at a time), listen for the overall message.

- Practice Spanish every chance you get. Listen to the Spanish radio and television stations, use the Spanish language or subtitle options on your DVD player, or even travel to Spanish-speaking countries. Best of all, practice with your co-workers and Spanish speaking neighbors as much as possible.

Lección 1

- Studies/Degrees Vocabulary
- Job Titles Vocabulary
- Music & Dance Styles

New Employee Interview

Instrucciones: You are looking for a new employee. List the characteristics that you are seeking below. Now circulate the room and do mini-interviews with the other students. Remember to do basic introductions (greetings, names, etc.)

Título de trabajo: _____

Características que se buscan (amable, inteligente, etc.):

5 preguntas para entrevistar:

1.

2.

3.

4.

5.

Nombre de persona	No	Posible	Sí

¿Quién es su empleado nuevo? ¿Por qué?

Studies

contabilidad	*accounting*	derecho	*law*
publicidad	*advertising*	artes liberales	*liberal arts*
antropología	*anthropology*	lingüística	*linguistics*
arte	*art*	literatura	*literature*
astronomía	*astronomy*	matemáticas	*mathematics*
biología	*biology*	medicina	*medicine*
botánica	*botany*	música	*music*
estudios de negocio	*business studies*	ciencias naturales	*natural sciences*
química	*chemistry*	pintura	*painting*
informática	*computer science*	filosofía	*philosophy*
economía	*economics*	física	*physics*
bellas artes	*fine arts*	ciencias políticas	*political science*
idiomas extranjeros	*foreign language*	sicología	*physicology*
geografía	*geography*	sociología	*sociology*
historia	*history*	zoología	*zoology*
humanidades	*humanities*		
periodismo	*journalism*		

Más vocabulario

Obtener un título en _____	*To complete a degree in _____*
Ganar dinero	*Earn money*
Estudiar	*To study*
Hacer un curso	*To take a course*

Work

contador/contable	*accountant*
actor/actriz	*actor/actress*
arquitecto	*architect*
colega	*colleague*
dentista	*dentist*
doctor/médico	*doctor*
ingeniero	*engineer*
bombero	*fireman*
periodista	*journalist*
abogado	*lawyer*
mecánico	*mechanic*
músico	*musician*
enfermero	*nurse*
pintor	*painter*
oficial de policía	*police officer*
profesor	*professor*
vendedor	*salesman*
secretario	*secretary*
cantante	*singer*
asistente social	*social worker*
maestro	*teacher*
técnico	*technician*
camarero	*waiter/waitress*
escritor	*writer*

Actividad: Pretend you are starting your dream job tomorrow. What skills will you need? What will the pay be? What will the hours be? *(Practice the "future tense" here.)*

Work & Stress

Which jobs are most stressful? Look at the following 10 occupations. In small groups, talk about the 3 most stressful jobs and 2 least stressful jobs on the list. List any others and discuss.

Trabajo	Número
vendedor	
abogado	
médico	
secretaria	
madre	
maestro	
policía	
bombero	
camarera	
estudiante	

Jokes - Chistes

Abogado

¿Qué diferencia hay entre un ladrón y un abogado?
Que el ladrón te roba y el abogado te roba y encima le tienes que dar las gracias.

Inginieros

- ¿Cuántos analistas de sistemas se necesitan para cambiar una bombilla de luz?
- Ninguno, por ser éste un problema de hardware.

Doctores

El doctor le dice al paciente:
-Señor, le tengo una noticia mala y otra buena.
        -Dígame primero la buena doctor:
-La buena es que le quedan 24 horas de vida.
        -¿Y la mala?
-Es que ayer me olvidé de decírselo.

Profesores

Una madre va a ver al profesor de su hijo y el profesor le dice:
-Tu hijo ha copiado en un examen.

Y la madre le dice angustiada:
-¿Cómo sabes tú eso?

-Mire: un niño que estaba al lado puso en dos preguntas, en un animal y en otra frase y su hijo puso lo mismo. Pero es que en la última el compañero de su hijo puso "yo no lo sé" y su hijo puso "yo tampoco".

Music & Dance

Salsa

A generic term used to describe the mixing of a number of different styles of Latin music (such as son, cha, cha, cha, songo, timba, merengue, and rumba).
Examples: Grupo Niche, Marc Anthony

Son (Cuba)

Predates salsa-possibly the most influential style of all Latin music. Combination of African & Spanish musical elements.
Examples: Buena Vista Social Club, Arsenio Rodriguez, Trio Matamoros, Son 14

Cha cha cha (Cuba)

Cha cha cha was invented by the Cuban bandleader, Enrique Jorrin, in the 50's. Legend says it was invented because many Americans were having trouble dancing to the syncopated rhythms of traditional Cuban music.
Examples: 'Kinkamanche' by Eddie Palmieri, 'Cha Cuba' by Orquesta Aragon and 'Habana Del Este' by Afro Cuban Allstars.

Merengue (Dominican Republic)

Latin music in 2/4 time. Traditionally performed with voice, accordions, a two-headed drum called a tambora, & a hand-held metal guiro.
Examples: Juan Luis Guerra, Francisco Ulloa, La Makina, Fulanito, La Banda Gorda and Elvis Crespo

Rumba (Cuba)

The most African of styles in Cuban music. Traditionally associated with Afro-Cuban religion where a community came together to perform sacred music and dance.
Examples: Munequitos de Matanza, Los Papines and Los Munequitos de Matanzas

Bachata (Dominican Republic)

Slow romantic music originally played with guitars & small percussion instruments.
Examples: Juan Luis Guerra

Cumbia (Colombia)

Cumbia is in 2/4 time and may feature instruments such as accordions, keyboards, saxophones, trumpets, trombones & a percussion section.
Examples: Lizandro Meza, Grupo Fantasma, Lucho Bermudez

Samba (Brazil)

Another broad term like Salsa which actually refers to a number of different styles. Samba is a mixture of African, European and Native American musical elements.
Examples: Martinho Da Vila, Beth Carvalho, Paulinho da Viola, Clara Nunes

Tango (Argentina)

Romantic nostalgic music-often described as the music of 'frustrated love'. Definite Spanish & European roots as well as African, Creole and Native American influences.
Examples: Carlos Gardel, Astor Piazzolla

Vallenato (Colombia)

Uses accordions, bass & percussion. Recently, has been fused with elements of rock.
Example: Carlos Vives

Tex-Mex/Ranchera (Mexico)

Best-known Mexican genre by far is ranchera, interpreted by a band called mariachi. Includes norteño and banda styles. All use the acordian as its primary instrument.
Examples: Flaco Jiménez, Selena, Tigres de Norte

Marimba (Mexico)

Southern Mexican folk music that remains popular in Chiapas and Oaxaca.
Example: Baja Marimba Band

Flamenco (Spain)

Gypsy music popular in the southern region of Andalucia. The most familiar flamenco instrument is the guitar played at a feverish and passionate pace with melodies that reflect the influence of Arabic music.
Examples: Paco de Lucia, Gypsy Kings

Lección 2

- Past Tenses: Preterite & Imperfect
- Animal Vocabulary

Past Tense

Up to this point, you were basically able to get by expressing yourself in past, present, and future tenses. The past tense learned in Level 3 was dubbed "easy past tense" for a reason. While not always perfectly correct, you could generally express yourself. Now the two other main forms of past tense will be described: Preterite & Imperfect.

Preterite:
Used to express something that has happened in the past and it "finished" happening. Generally used at a specific time. (Last night, yesterday, last week, etc.)

For example,:
"Anoche, mi mamá me llamó." ("Last night, my mother called me.") This was an action that happened and as soon as it occurred, it was done.

Imperfect:
Means "used to (do)" or "was (doing)" when talking about actions that happened in the past.

For example:
Siempre llamaba a mis amigas por teléfono cuando era joven. Hablábamos mucho. ("I used to always call my friends when I was young. We used to talk a lot.")

PAST TENSE – PRETERITE

Simply drop the last 2 letters of the verb and change it according to what the letters were. For example, if you wanted to say "I danced", change the verb "bailar" to "bailé."

	- AR	-ER/ - IR		- AR	- ER / -IR
yo	-é	-í	nosotros	-amos	-imos
tu	-aste	-iste	vosotros	-asteis	-isteis
el, ella, ud.	-ó	-ió	ellos, ellas, Uds.	-aron	-ieron

Unfortunately, there are lots of exceptions to these. Some of the more common irregular verbs include:

Verb	Meaning	yo	tú	él, ella, Ud.	nosotros	vosotros	ellos/as, Uds.
ir/ser	to go/to be	fui	fuiste	fue	fuimos	fuisteis	fueron
dar	to give	di	diste	dio	dimos	disteis	dieron
decir	to say	dije	dijiste	dijo	dijimos	dijisteis	dijeron
estar	to be	estuve	estuviste	estuvo	estuvimos	estuvisteis	estuvieron
hacer	to do/make	hice	hiciste	hizo	hicimos	hicisteis	hicieron
poder	to be able	pude	pudiste	pudo	pudimos	pudisteis	pudieron
poner	to put	puse	pusiste	puso	pusimos	pusisteis	pusieron
tener	to have	tuve	tuviste	tuvo	tuvimos	tuvisteis	tuvieron

Past Tense

PAST TENSE – IMPERFECT

Simply drop the last 2 letters of the verb and add the appropriate ending. For example, if you want to say "I used to dance", change the verb "bailar" to "bailaba."

	- AR	-ER/ - IR		- AR	- ER / -IR
yo	-aba	-ía	nosotros	-ábamos	-íamos
tu	-abas	-ias	vosotros	-abais	-íais
el, ella, Ud.	-aba	-ia	ellos, ellas, Uds.	-aban	-ían

There are only 3 main irregular verbs in the imperfect tense!

Verb	Meaning	yo	tú	él, ella, Ud.	nosotros	vosotros	ellos/as, Uds.
ir		iba	ibas	iba	íbamos	ibais	iban
ser		era	eras	era	éramos	erais	eran
ver		veía	veías	veía	veíamos	veías	veían

Now let's put these to practice!

Past Tense - Preterite

Instrucciones: Using the Preterite past tense and the list of verbs in your appendix, ask you partner:

¿Qué hiciste…?
(What did you do…?)

anoche:

ayer:

la semana pasada:

Instrucciones: Tell you partner about unique trips that the following people took:

¿Quién?	¿A dónde fue?	¿Qué hizo?
Mi familia		
Mi hermano o padre		
Mi amigo		
Mi colega *(colleague)*		

Examples:

Mis padres fueron a Hawaii el año pasado. Allí, visitaron las playas y los volcanes.
(My parents went to Hawaii last year. There, they visited the beachers and volcanos.)

Mi colega fue a Belice para bucear la semana pasada.
(My colleague went to Belize to scuba dive last week.)

Past Tense - Imperfect

Instrucciones: Using the Imperfect past tense and the list of verbs in your appendix, ask you partner:

¿Qué hacía...?
(What did you used to do...?)

cuando era niño/a:

en su trabajo previo:

cuando era un estudiante:

Instrucciones: Tell you partner about common places the following people used to always "hang out" in the past.

¿Quién?	¿A dónde iba?	¿Qué hacía?
Mi familia		
Mi hermano/a o padres		
Mi amigo		
Mi colega (collegue)		

Examples:

Mi familia iba a la piscina cada sábado durante el verano.
(Mi family used to go to the pool each Saturday during the summer.)

Mi amiga iba a los clubes para bailar cuando era soltera.
(My friend used to go the the clubs to dance when she was single.)

Preterite vs. Imperfect

Preterite and Imperfect also can be used in the same sentence. Remember that imperfect can also mean "was (doing)" when talking about actions that happened in the past. Preterite interrupts ongoing action that is expressed in imperfect.

Examples:

Estaba corriendo por el parque cuando ese hombre me gritó.
(I was running through the park when that man yelled at me.)

Estaba manejando mi carro cuando mi motor hizo un ruido muy fuerte.
(I was driving my car when my engine made a very loud noise.)

Instrucciones: In pairs, have one person act out the following phrases while the other tries to guess what is happening. *(Don't cheat! Cover up whichever "Persona" you are using!)*

Persona A

Estaba trabajando en el jardín cuando mi hijo llegó de la escuela.

Estaba lavando los platos cuando mi amigo me llamó.

Estaba mirando la television cuando alguien tocó el timbre.

Persona B

Estaba esquiando cuando me caí.

Estaba paseando al perro cuando el gato nos atacó.

Estaba nadando cuando mi bikini se cayó.

Instrucciones: In partners, make up at least 3 of your own sentences using Preterite and Imperfect tenses.

Preterite vs. Imperfect

Instrucciones: Listen to your instructor's use of past tense. Write down as many past tense words as you hear.

Which were preterite? Which were imperfect? Why did the instructor choose to use one over the other?

Instrucciones: Think about an item that was once special to you. Answer the following questions:

¿Qué era?

¿Cómo o de dónde lo recibiste?

¿Por qué era tan especial?

Instrucciones: In the top circle, write down words that pertained to your life 10 years ago. In the bottom circle, write down words that describe your life today. In small groups, discuss the differences between the circles, using preterite, imperfect, and present tenses.

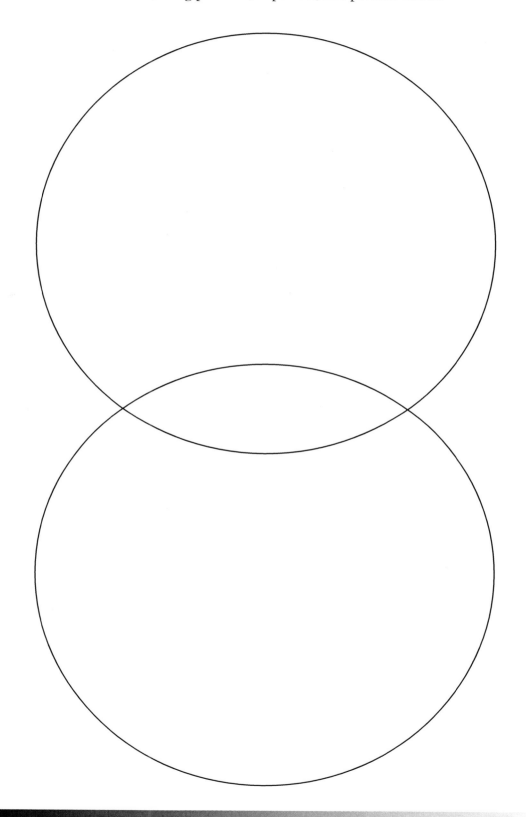

Animales

el perro	el gato	el caballo	la abeja
la vaca	el gallo	la rana	el león
el búho	el conejo	el zorro	el mono
el cerdo	el ratón	el pez	el pájaro
el lobo	el pato	la gallina	la oveja

Did you know that animals sound differently in Spanish?

Las abejas hacen bzzz.
Los pájaros trinan; hacen pío pío.
El gato maúlla; hace miau.
Los pollitos pían; hacen pío pío.
Las vacas mugen; hacen muuu.
El cuco hace cúcu cúcu.
El perro ladra; hace guau guau.
La paloma hace cu-curru-cu-cú.
El pato hace cuá cuá.
La rana croa; hace cruá-cruá.
La cabra bala; hace bee bee.
La gallina cacarea; hace coc co co coc.
El león ruge: grgrgrgr.
El caballo relincha; hace híiiiiiiiii.
El mono hace i-i-i.
El búho hace uu uu.
El cerdo hace oink-oink.
El gallo canta; hace kikirikí.
Las ovejas balan; hacen bee.
El tigre ruge: grgrgrgr.

Animals

Instrucciones: In partners, discuss the following questions.

Cuando era niño, ¿tenía una mascota *(pet)*? ¿Cómo se llamaba?

¿Tiene una mascota ahora? ¿Cómo se llama?

¿Qué animales eran comunes en el área donde se crió *(grew up)*?

¿Tiene un animal favorito en el zoológico?

¿Tenía un animal favorito en el zoológico cuando era niño?

¿Qué animales se encuentran en una granja?

Como adulto, ¿cuál es su animal favorito?

Animales - ¿En qué pienso?

Instrucciones: In small groups, play a game in which you guess the animal of another group member. One person will use "comparison" words to describe an animal. Use descriptive sentences until somebody guesses the animal.

For example:

Este animal es más grande que un ratón.
Este animal es más fuerte que un cochino.
Este animal es tan travieso como un zorro.
Este animal es más pequeño que un elefante.

¿Es un léon?
--No.

Este animal es popular en España y Mexico.

¿Es un toro?
--Sí.

INEQUALITY ("mas/menos _____ que")
Place "MÁS" (MORE) or "MENOS" (FEWER/LESS) before and "QUE" (THAN) after adjective, adverb, or noun

Por ejemplo:
Roberto tiene MÁS dinero QUE Jake. = *Roberto has MORE money THAN Jake.*
Janine tiene MENOS ropa QUE Isabel. = *Janine has FEWER clothes THAN Isabel.*

EQUALITY ("tan/tanto _____ como")
Use "TAN" (AS/AS MUCH) before and "COMO" (AS) after an adjective or adverb.

Por ejemplo:
Susana es TAN inteligente COMO Edna. = *Susana is as intelligent as Maria.*

Use "TANTO/A/OS/AS" with nouns.

Por ejemplo:
Tengo TANTOS libros COMO tú. = *I have AS MANY books AS you.*

SUPERLATIVES ("el/la/los/las + más/menos")
Place a definite article (el, la, los, las) and "MÁS" or "MENOS" in front of an adjective.

Por ejemplo:
Paco es EL chico MÁS inteligente de la clase. = *Paco es the most intelligent boy in the class*

Animals - Idioms

Caerse de su burro

Hay cuatro gatos

Llevarse el gato al agua

Acostarse con las gallinas

Estar como boca de lobo

No oir ni el vuelo de una mosca

Pagar el pato

to admit one's mistake
there's nobody here
to pull something off
to go to bed early
to be pitch black
you could have heard a pin drop
to pay for someone else's mistakes

Lección 3

- Computer & Technology Vocabulary
- Introduction to Debates & Expressing Opinions
- Money Vocabulary

Computers

mando de cd-rom	*cd-rom drive*
fichero	*computer file*
base de datos	*database*
correo electrónico	*electronic mail*
disco flexible	*floppy disk*
disco duro	*hard drive*
teclado	*keyboard*
monitor	*monitor*
ratón	*mouse*
red	*network*
ordenador portátil/ computadora	*portable computer*
impresora	*printer*
programa	*program*
guardar	*to save*
pantalla	*screen*
tecnología	*technology*
procesador de texto	*word processing*

Computers

In partners, take turns describing your computer workstation at home, work, or school. The person listening will draw what they hear below. Remember to use "direction" vocabulary! (To the right, under, next to, on top of, etc.)

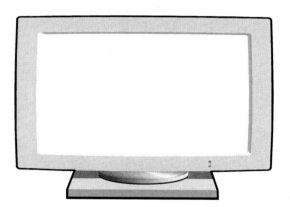

Computers

Instrucciones: In small groups, ask your partners if they use computers in the following locations.

Nombres	Escuela	Trabajo	Casa	Otro

Why do they use computers?
o   procesador de texto
o   correo electrónico
o   internet
o   otro

¿Qué programas usa?

¿Es necesario?

¿Le gusta?

Extra challenge:

How did you use computers in past jobs? (Practice your past tense here!)

Debate - Internet

Instructions: After reviewing the following phrases, read the statement below and get ready to debate.

Puedes ...	*You can...*
Podrías ...	*You could...*
Debes ...	*You must...*
Deberías ...	*You should...*
Creo que ...	*I believe that...*
Pienso que ...	*I think that...*
En mi opinión	*In my opinion...*

DECLARACIÓN: Internet ha cambiado para siempre nuestra manera de vivir. Su importancia continuará creciendo. Pronto, la mayor parte del mundo dirigirá su negocio, recibirá su información y se mantendrá en contacto, solamente por Internet.

Internet cambiará nuestras vidas en todos los aspectos

- El uso de Internet en el mundo se está duplicando cada pocos meses.

- Internet ya ha cambiado la manera en que nos comunicamos.

- Los negocios han invertido miles de millones de dólares en Internet.

- Internet es cada vez más rápido, ya se puede ver un video o escuchar en MP3 a través de él.

- Mucha gente ahora vive y trabaja en casa por Internet.

- Internet ha creado ilimitadas nuevas oportunidades de negocio.

- La mayoría de la gente utiliza el correo electrónico en vez de cartas para mantener el contacto con sus amigos.

- Internet es todavía muy joven.

The Internet Will Change Our Lives in Every Aspect
- *The use of the Internet around the world is doubling every few months.*
- *The Internet has already changed the way we communicate.*
- *Businesses have invested billions in the Internet.*
- *The Internet is becoming faster all the time, you can already watch video or listen to Mp3s via the Internet.*
- *Many people now live at home and work via the Internet.*
- *The Internet has created unlimited new business opportunities*
- *Most people use email instead of writing letters to keep in touch with their friends.*
- *The Internet is still very young.*

30

Debate - Internet

Instructions: After reviewing the following phrases, read the statement below and get ready to debate.

Puedes ...	*You can...*
Podrías ...	*You could...*
Debes ...	*You must...*
Deberías ...	*You should...*
Creo que ...	*I believe that...*
Pienso que ...	*I think that...*
En mi opinión	*In my opinion...*

DECLARACIÓN: Internet ha cambiado para siempre nuestra manera de vivir. Su importancia continuará creciendo. Pronto, la mayor parte del mundo dirigirá su negocio, recibirá su información y se mantendrá en contacto, solamente por Internet.

Internet es sólo una nueva forma de comunicación, pero no cambiará todo en nuestras vidas

- Internet, aunque interesante, es sólo una novedad.
- La gente quiere salir y conocer a otra gente cuando va de compras.
- Es demasiado difícil utilizar Internet y las computadoras, la mayoría de la gente no tiene la paciencia suficiente.
- Leer en una pantalla de computadora es incómodo y la gente nunca parará el deseo de leer, escuchar música y entretenerse de manera tradicional.
- Internet crea homogenización cultural – algunos dirían "Americanización," y la gente se cansaría de esto.
- La única interacción verdadera entre la gente debe ocurrir cara a cara-"no virtualmente".
- Internet es utilizado principalmente por los adolescentes y por la gente que dispone de mucho tiempo que perder.

The Internet Is Just A New Form Of Communication, But Will Not Change Everything In Our Lives

- *The Internet, while interesting, is just a fad.*

- *People want to go out and meet other people when they do their shopping.*

- *It is too difficult to use the Internet and computers, most people do not have the patience.*

- *Reading on a computer screen is uncomfortable and people will never stop wanting to read, listen to music and be entertained in traditional ways.*

- *The Internet creates cultural homogenization - some would say Americanization, and eventually people will get tired of this.*

- *The only real interaction between people must take place face to face and not 'virtually'.*

- *The Internet is mainly used by teenagers and other people who have lots of time to waste.*

Money

Instrucciones: Listen as your instructor "dictates" a math problem dealing with budgets. Write down the numbers that you hear under each category and determine how much money is left at the end.

Cuentas

	Maestro	Yo			
Pago:	$1000				
Renta/hipoteca:	$700				
Electricidad:					
Gas:					
Teléfono:					
Agua:					
Internet:					
Coche:					
Seguro:					
Teléfono celular					
Comida:					
Giro postal *(money order)*:					
Resto:					

Instrucciones: Now write your own "budget math" problem and in groups of 3-4, practice saying and listening to larger numbers.

Money Survey

Instrucciones: In pairs, discuss the following with your partner.

¿Tiene un presupuesto? *(budget)*

¿Quién paga las cuentas?

¿Quién va de compras?

¿Quién decide como gastar el dinero?

¿Quién es más cuidadoso con el dinero?

Loans

Instrucciones: Ask your partner: what they would you be willing to lend the following people.

Por ejemplo:

¿Qué prestarías a tu hermano?
- Prestaría un coche a mi hermano.

	Prestar *(lend)*
Padres	
Hermano/a	
Mejor amigo	
Compañero	
Jefe	
Vecino	
Extranjero	

Money - ¿Qué harás?

Instrucciones: In small groups, discuss:

¿Qué harás si encuentras...?
What will you do if you find...?

o $20 en la calle.

o   Una maleta de $50,000 en el aeropuerto.

o   Una bolsa con muchas tarjetas de crédito.

o   Un anillo de diamante en el parque.

o   25 centavos en la acera.

o   Un sobre de $1000 en el suelo de su trabajo.

Lección 4

- Household Vocabulary
- Giving detailed descriptions
- Asking for Advice, Expressing Opinions & Prioritizing

Housing

Label:

puerta - door
planta baja - 1st floor
primer piso - 2nd floor
ventana - window
contraventana - shutter
techo - roof
chiminea - chimney
porche - porch
ático - attic

Add at least 5:

cerca - fence
garaje - garage
buzón - mailbox
timbre - doorbell
césped – lawn
arbustos – shrubs
árbol – tree
terraza - deck
balcón - balcony
acera - sidewalk

Housing

Instrucciones: Draw the house that your instructor describes.

Housing - Exterior

Instrucciones: Listen as your partner describes his/her dream house. Draw what you hear. If you do not understand, remember to ask questions for clarification, such as:

¿Dónde está? ¿Es grande o pequeña? ¿De qué color es la casa? ¿Cuántas personas viven en la casa? etc.

La sala de estar

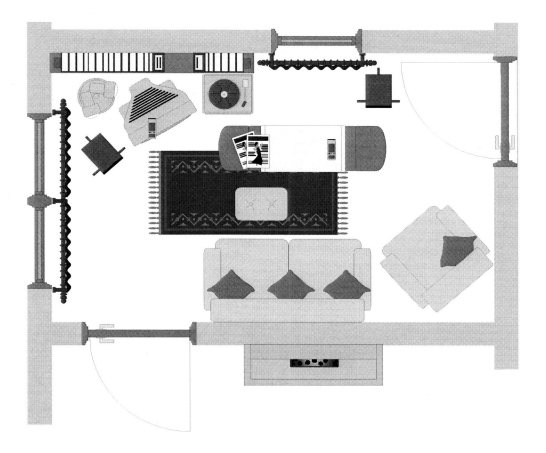

Label:

sillón - armchair
bookshelf - estante
curtain - cortina
lámpara - lamp
planta - plant
alfombra — rug/carpet
mesa de centro - coffee table
sofá - sofa

El baño

Label:

espejo - mirror
lavabo - sink
inodoro - toilet
ducha - shower
toalla - towel
llave/grifo - faucet

Other vocabulary:

bañera — bathtub

La cocina

Label:

armario - cupboard

lavaplatos – sink

encimera – counter

suelo – floor

cajón - drawer

Housing – Home Improvements

Instrucciones: In small groups, discuss what would happen if you suddenly win $10,000 from a large hardware store. What home improvements will you make? (Use future tense!)

Housing - Priorities

Instrucciones: Rate the items 1-8 according to what is most important to you when choosing a residence. (One being the most important and 8 being the least important.)

	vecindario	*neighborhood*
	edad de la casa	*age of house*
	aspecto	*appearance*
	tamaño	*size*
	precio	*price*
	jardín	*yard*
	distancia al trabajo/a la escuela	*distance from work/school*
	escuelas	*schools*

Lección 5

- Asking for Clarification
- Slang & Regional Expressions
- "Love" Vocabulary

Asking for Clarification

You have already learned how to express opinions.

OPINIONES	
Puedes ...	*You can...*
Podrías ...	*You could...*
Debes ...	*You must...*
Deberías ...	*You should...*
Creo que ...	*I believe that...*
Pienso que ...	*I think that...*
En mi opinión...	*In my opinion...*

Now we are going to learn how to ask someone to clarify, sounding more "polite" and fluent than just "¿Cómo?" o "¿Qué?"

PREGUNTAS

¿Qué significa _____?	*What does _____ mean?*
¿Qué quiere decir?	*What you are saying?*

EXPRESIONES PARA CLARIFICAR

O sea...	*In other words...*
Lo que quiero decir es...	*What I want to say is...*

Asking for Advice / Housing

Instrucciones: See the list of possible housing problems. Ask your small group or class advice on what to do. To make sure that you understand, "clarify" what the person said.

For example:

Hace mucho calor arriba y no puedo dormir. ¿Qué debería hacer?

> Puede comprar un aire acondicionado, pero cuesta bastante. En mi opinión, es mejor dormir abajo durante las noches muy calurosas.

Lo que quiere decir es que en vez de gastar el dinero para solo algunas noches de calor, podría dormir en la planta baja. Ésta es una buena idea. ¡Gracias!

Tengo un fregadero agujereado *(leaky sink)*.

Mi luz no enciende en mi dormitorio.

Mi calefacción no funciona.

Hace mucho calor arriba.

No puedo oír el sonido de mi teléfono.

Mi ventana no se queda abierta.

Hay insectos en la cocina.

La pintura en mi sala de estar se está pelando.

Hay una grieta *(crack)* en mi pared.

Opinions

Instrucciones: In partners, practice giving your advice and opinions in the following situations. Remember to use such expressions as:

Mi hermana mayor nunca tiene dinero.

Mi amigo necesita $3000 para empezar un negocio.

Necesito un coche nuevo y no tengo mucho dinero.

Necesito ahorrar $200 al mes. ¿Cómo?

Quiero comprar un televisor grande. ¿Qué piensas?

Hay un hombre sin hogar en la calle y está pidiendo dinero para comida.

Colloquial Phrases

American English is different from British English and Australian English, yet we can all understand one another. The same holds true in Spanish-speaking countries. Accents are different, as well as words and phrases.

If you travel to Spanish-speaking countries or work with Spanish-speakers, you will need to learn their particular slang to truly understand the conversations. Here is a small list to get you started. (Hint: Go to your bookstore to find comprehensive slang dictionaries and references!)

Puerto Rico

¡Oye, tocallo!	*Hey pal!*
batey	*front yard*
bodega	*grocery store*
chino	*orange*
caucho	*sofa*
frisa	*blanket*
guineo	*banana*
negrito	*loved one*
sombrilla	*umbrella*

Cuba

¿Oigo?	*Hello? (on phone)*
¡Hola mi socio!	*Hi buddy!*
¡No chive!	*Don't bother me!*
espejuelos	*glasses*
fregar platos	*wash dishes*
gomas	*tires*
guagua	*bus*
maní	*peanuts*
mima	*mom*
mi viejo	*my friend*
pipo	*dad*

Mexico

¿Bueno?	*Hello? (On the phone)*
¿Mande?	*How's that? (What?)*
¿Qué onda?	*What's up?*
¡Ay chihuahua!	*Oh my gosh!*
¡Ándele!	*Hurry up!*
chamaco	*kid*
chavalo	*child*
guajolote	*turkey*
güero	*blond*
pisto	*money*
rancheras	*ranch songs*
sarape	*blanket*
tardeadas	*afternoon parties*

Spain

¿Dígame?	*Hello? (On phone)*
¡Qué guay!	*Cool!*
¡Ojo!	*Look out!*
boli *(short for bolígrafo)*	*pen*
cotillear	*to gossip*
echarme una siesta	*take a nap*
gente maja	*nice people*
la marcha	*nightlife in Spain*
pijo	*insult to yuppies*
tapas	*evening appetizers*
tío/a	*a guy/ "dude", a girl/ "chick"*
vale	*ok*

Love - Amor

Estado civil

Estoy…
  casado/a (matrimonio, boda, aniversario)
  soltero/a
  divorciado/a
  prometido/a
  viudo/a

Más vocabulario
  amantes *lovers*
  novio/a *boyfriend/girlfriend*
  pareja *couple*

Practice these phrases and lines at home or when you are out and about. See what kind of reaction you get!

Estoy enamorado/a. – *I'm in love.*
Te quiero. – *I love you.*
Te amo. – *I love you.*

Citas - Dates

¿Te gustó?	*Did you enjoy it?*
Me divertí mucho.	*I had a nice time.*
¿Puedo verte más tarde?	*Can I see you later?*
¿Quieres casarte conmigo?	*Will you marry me?*
¿Te gustaría….	

  bailar?
  comer?
  dar un paseo?
  ir al cine?
  platicar?
  salir?

Love - Amor

If you were to meet someone for the first time, what would you say to approach them? What would you invite them to do?

Apodos (petnames/nicknames)

Mi amor	*my love*
Mi corazón	*sweetheart*
Mi dulce	*my sweet*
Mi tesoro	*my treasure*
Mi vida	*love of my life*
Querido/a	*darling*
Precioso/a	*precious*
Mi reina	*my queen (only boy to girl)*

Compliments

chulo/a	*cute*
guapo/a	*good looking*

Boy to Girl

bella	*beautiful*
hermosa	*lovely*
linda	*very pretty*
bonita	*pretty*

Instrucciones: Think of somebody special. Tell a partner about this person:

Esta persona es _____. Es especial porque ….

Nos conocimos en…

La primera vez que salimos…

Fuimos a …

Lección 6

- Reflexive Verbs
- Health Vocabulary
- Basic Medical Techniques

Reflexive Verbs

Reflexive verbs are a strange concept for native-English speakers. We really do not have it in English. Basically, it is a verb that you "do to yourself." For example: me baño = I wash (myself).

Here's a basic list:

acostarse	*to go to bed*
afeitarse	*to shave oneself*
apurarse	*to hurry up*
arrodillarse	*to kneel down*
bañarse	*to take a bath*
cepillarse	*to brush hair/teeth*
darse la vuelta	*to turn around*
despertarse	*to wake up*
dormirse	*to fall asleep*
ducharse	*to take a shower*
irse	*to go away, to leave*
lavarse	*to wash up (wash oneself)*
levantarse	*to get up*
meterse	*to get in (enter something)*
ponerse	*to put on*
quedarse	*to stay (to stay put)*
quitarse	*to take off*
reirse	*to laugh*
secarse	*to dry off (dry oneself)*
sentarse	*to sit down*
sentirse	*to feel (emotion, illness)*

Reflexive Verbs

For these verbs, you conjugate them as you normally would, then add one of the following in front of the conjugated verb.

For example:

yo	**me** lavo	nosotros	**nos** lavamos
tu	**te** lavas	vosotros	**os** lavais
el, ella, Ud.	**se** lava	ellos, ellas, Uds.	**se** lavan

Otros ejemplos:
Me voy.
Te duermes.
Se cae.
Nos sentamos.
Os levantais.
Se secan.

As you can see by the previous list of reflexive verbs, many of them have to do with one's "morning routine."

Instrucciones: In partners, answer the follow questions:

What is your morning routine? *(present tense)*

What did you do this morning? *(preterite tense)*

What will you do tomorrow? *(future tense)*

La salud

antibiótico	*antibiotic*
antiséptico	*antiseptic*
aspirina	*aspirin*
sangre	*blood*
bronquitis	*bronchitis*
quemadura	*burn*
yeso	*cast*
resfriado	*cold*
tos	*cough*
jarabe para la tos	*cough syrup*
muerte	*death*
dieta	*diet*
mareado	*dizzy*
gota	*drop*
fiebre	*fever*
gripe	*flu*
enfermedad	*illness/sickness*
indigestión	*indigestion*
infección	*infection*
inyección	*injection/shot*
medicamento	*medicine*
náusea	*nausea*
dolor	*pain*
receta	*prescripton*
remedio	*remedy*
dolor de garganta	*sore throat*
quemadura de sol	*sunburn*
hinchado/a	*swollen*
termómetro	*thermometer*
temperatura	*temperature*
dolor de muelas	*toothache*
amigdalitis	*tonsilitis*

Health

Instrucciones: In groups of 3, role-play the following situations.

Situación 1:
There is a receptionist at a busy clinic with many monolingual Spanish-speakers. He/she needs to take down the basic information, including name, address, medical condition, etc.

      Persona A: Recepcionista
      Persona B: Paciente
      Persona C: Esposo de paciente

Situación 2:
There is a medical student doing his/her residency in a largely Latino area. Listen to the symptoms of the patient, diagnose the condition, and treat the problem.

      Persona A: Paciente
      Persona B: Estudiante de medicina
      Persona C: Enfermera

Situación 3:
There is a school nurse assigned to teach Spanish-speaking children good health habits.

      Persona A: Enfermera
      Persona B: Niño
      Persona C: Niña

Situación 4:
There is a EMT (Emergency Medical Technician) just called to the scene of an accident. He/she will need to transport the patients to a hospital by ambulance.

      Persona A: EMT
      Persona B: Paciente
      Persona C: Paciente

Situación 5:
You are an Spanish interpreter at a hospital.
      Persona A: Paciente (Spanish-speaking only)
      Persona B: Interprete (Bilingual)
      Persona C: Doctor (English-speaking only)

Health - Maniobra de Heimlich

Instrucciones: In partners, read the following description of the Heimlich manuever*.

**A. Dé empujones repentinos y
hacía arriba para scar el objecto.**

- Si la víctima está parada o sentada: Párese detrás de la víctima y abrácela a la altura de la cintura. Si la víctima está parada, coloque un pie entre las piernas de ella para que pueda apoyarle el cuerpo en caso de que se desmaye.

  Haga un puño con una mano. Ponga el lado del pulgar del puño contra el abdomen de la víctima, justo arriba del ombligo pero bastante abajo del esternón. Vea el dibujo A de Vea A. Maniobra de Heimlich:

  Dé empujones rápidos hacia arriba para desalojar el objeto.

  Agarre el puño con la otra mano. Dé un golpe rápido y hacia arriba contra el abdomen de la víctima. Tal vez eso cause que el objeto salga. Use menos fuerza en el caso de un niño. Vea el dibujo A de Vea A. Maniobra de Heimlich: Dé empujones rápidos hacia arriba para desalojar el objeto.

  Repita los golpes hasta que el objeto salga o hasta que la víctima pierda el conocimiento.

- Si se atraganta cuando esté solo, dese usted mismo golpes en el abdomen o recárguese contra el respaldo de una silla y empuje con fuerza para desalojar el objeto.

* Excerpt from Chapter 3, "Los Primeros Auxilios y Emergencias [First Aid and Emergencies]"of Kaiser Permanente Healthwise Handbook in Spanish.

Health

Instrucciones: In partners, practice taking a pulse. Remember to count in Spanish!

Nombre	Pulso

First Aid - Primeros Auxilios

Instrucciones: In small groups, what kind of First Aid would you use in the following situations?

Cortadas	
Quemaduras	
Picaduras de insectos y de arañas	
Otro:	

Lección 7

- Law & Political Vocabulary
- Questioning Skills
- World Issues
- Religion Vocabulary

Law & Politics

You never know when these could come in handy!

culpa	*blame*
corte	*courtroom*
crimen	*crime*
gobierno	*government*
cárcel	*jail*
justicia	*justice*
ley	*law*
pleito	*lawsuit*
libertad	*liberty*
mentiras	*lies*
partido	*political party*
castigo	*punishment*
derechos	*rights*
juicio	*trial*
verdad	*truth*
voto	*vote*

Game – "Culpable"

Pareja #1:

Coartada *(alibi)*:

Preguntas:

Pareja #2:

Coartada *(alibi)*:

Preguntas:

Pareja #3:

Coartada *(alibi)*:

Preguntas:

Pareja #4:

Coartada *(alibi)*:

Preguntas:

Pareja #5:

Coartada *(alibi)*:

Preguntas:

World Issues

Instrucciones:
1) Fill in the English translation.
2) Rank the 5 most important world issues affecting your life.
3) Rank the 5 most important world issues affecting your community.
4) Rank the 5 most important world issues affecting the world as a whole.

Mi vida	Mi comunidad	Mi mundo	español	Inglés
			aborto	
			SIDA	
			cáncer	
			drogas	
			pandillas	*gangs*
			inmigración	
			paz	
			contaminación	
			pobreza	
			respeto	
			sexo	
			huelga	*strike*
			estrés	
			terroristas	
			violencia	
			guerra	
			armas	*weapons*

Religion

ángel	angel	Virgen	Virgin
biblia	Bible	alma	soul
católicos	Catholics	cielo	heaven
creación	creation	espíritu	ghost
cristianos	Christians	fe	faith
diablo	devil	funeral	funeral
Dios	God	infierno	hell
Espíritu Santo	holy spirit	milagro	miracle
Jesucristo	Jesus Christ	muerte	death
judíos	Jews	muerto	dead
mormones	Mormons	vida	life
musulmanes	Muslims	santos	Saints

Geography

Instrucciones: Translate the following geographic locations.

Los Angeles	
Santa Fe	
San Francisco	
San Luis Obispo	
Sacramento	
El Salvador	

Cultura: El cuento de la Virgen de Guadalupe

Perhaps you have seen it--one of the symbols of Mexico - La Virgen de Guadalupe.

El 12 de diciembre de 1531, una imagen apareció en las cercanías de la Ciudad de México, entonces ciudad capital del imperio Azteca. Esta imagen, la Virgen, se apareció al indio Juan Diego, y le pidió que transmitiera al obispo del lugar su voluntad de que se construyera un templo dedicado a Ella en el cerro (hill) Tepeyac.

El obispo, al escuchar el cuento del indio, le pidió una prueba de la Presencia de la madre de Dios allí. María hizo crecer entonces, un jardín de rosas en un cerro inhóspito y semidesértico, y se las hizo recoger en su tilma (especie de poncho o manta) a Juan Diego. Luego le pidió se las presentara como prueba de Su Presencia al obispo. Cuando el indio abrió su tilma frente al obispo, cayeron las flores al piso y apareció milagrosamente la imagen de la Virgen María en la rústica tela.

El templo dedicado a la Virgen de Guadalupe fue construido en el cerro Tepeyac, lugar de las apariciones, donde se exhibe la tilma original de Juan Diego, impresa con la mundialmente conocida imagen de la Virgen de Guadalupe.

Lección 8

- Presentations
- Debate: Multinationals
- Review

Presentations

Tema: _____

¿Por qué es importante este tema?

Notas:

DEBATE - Multinacionales: ¿Ayuda u obstáculo?

You are going to debate the pros and cons of international multinational corporations. It is important to remember that you have been placed in your group based on what seems to be the *opposite* of what you really think. Use the clues and ideas below to help you create an argument for your appointed point of view with your team members. Below you will find phrases and language helpful in expressing opinions, offering explanations and disagreeing.

Puedes ...	*You can...*
Podrías ...	*You could...*
Debes ...	*You must...*
Deberías ...	*You should...*
Creo que ...	*I believe that...*
Pienso que ...	*I think that...*
En mi opinión...	*In my opinion*

A favor de las multinacionales:

- Ofrecen empleo a los trabajadores locales

- Promueven la paz internacional

- Crean sentimiento de comunidad más allá de las fronteras internacionales

- Permiten a todo el mundo mejorar las condiciones de vida

- Dan acceso a productos de calidad sin importar de donde provengan

- Promueven la estabilidad económica

- Incrementan las condiciones de vida de las regiones involucradas en la producción

- Dan a las economías locales nuevas oportunidades económicas

- Son un hecho que ha de ser aceptado

- Reflejan la economía global

> •Offers employment to local workers
> •Promotes peace internationally
> •Creates sense of community crossing international borders
> •Allows entire world to improve standard of living
> •Gives access to quality products regardless of location
> •Promotes economic stability
> •Raises standard of living for regions involved in production
> •Gives local economies new economic opportunities
> •Fact of life which needs to be accepted
> •Reflects global economy

DEBATE - Multinacionales: ¿Ayuda u obstáculo?

You are going to debate the pros and cons of international multinational corporations. It is important to remember that you have been placed in your group based on what seems to be the *opposite* of what you really think. Use the clues and ideas below to help you create an argument for your appointed point of view with your team members. Below you will find phrases and language helpful in expressing opinions, offering explanations and disagreeing.

Puedes ...	*You can...*
Podrías ...	*You could...*
Debes ...	*You must...*
Deberías ...	*You should...*
Creo que ...	*I believe that...*
Pienso que ...	*I think that...*
En mi opinión...	*In my opinion*

En contra de las multinacionales:

- Destruyen las economías locales

- Proporcionan poca ayuda con los problemas locales

- Crean homogenización cultural

- Son demasiado grandes; muestran poco interés en el individuo

- Dan poder político a los intereses extranjeros

- Crean inestabilidad en la economía local porque dependen de la economía global

- Substituyen valores tradicionales por valores materialistas

- Provocan despides masivos en las economías locales

- Reprimen el crecimiento cultural y la expansión a nivel local

> - *Ruins local economies*
> - *Provides little help with problems which are local in nature*
> - *Creates cultural homogenization*
> - *Too big, little interest in the individual*
> - *Gives political power to outside interests*
> - *Creates economic instability by being subject to the whims of the global economy*
> - *Replaces traditional values with materialistic values*
> - *Makes local economies subject to mass layoffs*
> - *Stifles cultural growth and expansion on local level*

Repaso

Appendix

- Expressions & Useful Phrases
- Grammar Review
- Vocabulary by *Lección*
- TPR Stories by *Lección*
- Glossary (English - Spanish) / (español - inglés)

Expresiones y frases útiles

Expresiones

Por supuesto	Of course	¿Está seguro/a?	Are you (he/she) sure?
Quizás	Maybe	¿Así?	Like this?
Me alegro	I'm so glad	Lo que quiera	Whatever you want
Es verdad	That's the truth	Tanto mejor	All the better
Más o menos	More or less	Con razón	No wonder
¿Está bien?	Is that OK?	Caramba	Wow
Creo que sí	I think so	Dios mío	For heaven's sake
Cómo no	Why not	Mentiras	Lies
Es posible	Its's possible	Basta	Enough
Claro	Sure	Vaya	Go on
De acuerdo	I agree	Qué barbaridad	How awful
Sin duda	No doubt	Qué bueno	How great
Depende	That depends	Que disfrute	Have a good time
¿Quién sabe?	Who knows?	Qué extraño	How strange
¿Listo?	Are you ready?	Qué lástima	What a shame
Al contrario	On the contrary	Que le vaya bien	Take care
Buena idea	Good idea	Qué suerte	What luck
Yo también	Me, too	Qué importa	So what
Yo tampoco	Me, neither	Qué triste	How sad
Ojalá	I hope so	Qué va	Go on
Ya veo	I see		

Más Frases...

Por eso...	Therefore...	A propósito...	By the way...
O sea...	In other words...	Al principio...	At first...
Además...	Besides...	Por lo menos...	At least...
Por fin...	At least...	Según...	According to...
Por ejemplo...	For example...	En general...	In general...
Sobre todo...	Above all...	Paso a paso...	Step by step...
Sin embargo...	However...	Poco a poco...	Little by little...
Pues...	Well...		

Grammar Forms

ESTAR – temporary condition, location

yo	estoy	nosotros/as	estamos
tú	estás	vosotros/as*	estáis*
él ella usted (Ud.)	está	ellos ellas ustedes (Uds.)	están

SER – used almost everywhere besides "temporary conditions" or "location"

yo	soy	nosotros/as	somos
tú	eres	vosotros/as*	sois*
él ella usted (Ud.)	es	ellos ellas ustedes (Uds.)	son

PRESENT TENSE

For present tense, you simply drop the last 2 letters of the verb and change it according to what the letters were. For example, if you wanted to say "I dance", change the verb "bailar" to "bailo."

	- AR	- ER	- IR		- AR	- ER	-IR
yo	-o	-o	-o	nosotros	-amos	-emos	-imos
tú	-as	-es	-es	vosotros	-áis	-éis	-ís
él, ella, ud.	-a	-e	-e	ellos, ellas, uds.	-an	-en	-en

Present Tense Stem-Changing Verbs

(e→ie)

yo	**pienso**	nosotros/as	pensamos
tú	**piensas**	vosotros/as	pensáis
él ella usted (Ud.)	**piensa**	ellos ellas ustedes (Uds.)	**piensan**

Similar Verbs
pensar - to think
cerrar - to close
despertar - to wake up
divertirse - to have fun
empezar - to begin
encender - to turn on
hervir - to boil
mentir - to lie
perder - to lose
preferir - to prefer
querer - to want
recomendar - to recommend
sentir - to feel
sugerir- to suggest

(o→ue)

yo	**puedo**	nosotros/as	podemos
tú	**puedes**	vosotros/as	podéis
él ella usted (Ud.)	**puede**	ellos ellas ustedes (Uds.)	**pueden**

Similar Verbs
poder - to be able
acostarse - to go to bed
colgar - to hang up
devolver - to give back
dormir - to sleep
encontrar - to find
mostrar - to show
probar - to try
recordar - to remember

(e→i)

yo	**pido**	nosotros/as	pedimos
tú	**pides**	vosotros/as	pedís
él ella usted (Ud.)	**pide**	ellos ellas ustedes (Uds.)	**piden**

Similar Verbs
pedir - to ask
conseguir - to obtain
despedir - to say goodbye
seguir - to follow
servir - to serve
vestir - to dress

Present Progressive

This tense uses gerunds, or the "-ing" in English. You use this tense when something is happening right now—in the present moment.

Drop the last 2 letters and add:

AR verbs
- ando

ER/IR verbs
-iendo

Use the verb "estar" before the verb.

For example:
Estoy bailando.
(I am dancing.)

Está comiendo.
(He is eating.)

Estás escribiendo.
(You are writing.)

"Easy" Past Tense

To express past tense in Spanish "easily," use the "present perfect" tense. In English, this is the "to have done something" tense.

For example:
I have eaten. I have slept. I have worked.

In Spanish, use:

1) the "have" verb

He	I have	Hemos	We have
Has	You have (informal)	Hais	You (all) have *(Spain only)*
Ha	He/She has You have (formal)	Han	They have You (all) have

2) the verb you are trying to express in the past tense. (You need to change the ending a bit, depending on if it ends in –ar, -er, or –ir.)

AR Verbs	ER Verbs	IR Verbs
bailar → bailado	comer → comido	vivir → vivido
hablar → hablado	leer → leído	ir → ido
mirar → mirado	beber → bebido	decidir → decidido

EXAMPLES:
I have eaten. He has slept. You have worked.
He comido. Ha dormido. Ha trabajado.

"Easy" Future Tense (Ir + a + infinitive)

This is the "easy" way to express the future. We start with the verb "ir" (to go) and conjugate it as follows:

voy	I go	vamos	We go
vas	You go (informal)	vais	You (all) go *(Spain only)*
va	He/she goes You go (formal)	van	They go You (all) go

Examples:
Voy a jugar al fútbol. (I am going to play football.)
¿Vas a comer? (Are you going to eat?)

Future Tense

The future tense is quite easy as it has almost the same endings for all 3 kinds of verbs. For –ar, -er, and –ir verbs, you simply add the following to the infinitive (whole verb):

	-AR/-ER/-IR		-AR/-ER/-IR
yo	- é	nosotros	-emos
tú	- ás	vosotros	-éis
él, ella, Ud.	- á	ellos, ellas, Uds.	- án

For example:

AR Verbs

¿Bailará salsa en la fiesta?
Will she dance the salsa at the party?

Creo que sí. Bailará salsa en la fiesta
I believe so. She will dance the salsa at the party.

ER Verbs

¿Comerá en la cafetería?
Will you eat in the cafeteria? (formal)

Sí, comeré en la cafetería.
Yes, I will eat in the cafeteria.

IR Verbs

¿Irás al cine?
Will you go to the theater? (informal)

No, no iré al cine.
No, I will not go to the theater.

Some Irregulars:
decir (dir-)
hacer (har-)
haber (habr-)
querer (querr-)
poder (podr-)
poner (pondr-)
saber (sabr-)
venir (vendr-)
tener (tendr-)

Past Tense

PAST TENSE – PRETERITE

Simply drop the last 2 letters of the verb and change it according to what the letters were. For example, if you wanted to say "I danced", change the verb "bailar" to "bailé."

	- AR	-ER/ - IR		- AR	- ER / -IR
yo	-é	-í	nosotros	-amos	-imos
tú	-aste	-iste	vosotros	-asteis	-isteis
él, ella, Ud.	-ó	-ió	ellos, ellas, Uds.	-aron	-ieron

Common irregular verbs:

Verb	Meaning	yo	tú	él, ella, Ud.	nosotros	vosotros	ellos/as, Uds.
ir/ser	to go/to be	fui	fuiste	fue	fuimos	fuisteis	fueron
dar	to give	di	diste	dio	dimos	disteis	dieron
decir	to say	dije	dijiste	dijo	dijimos	dijisteis	dijeron
estar	to be	estuve	estuviste	estuvo	estuvimos	estuvisteis	estuvieron
hacer	to do/make	hice	hiciste	hizo	hicimos	hicisteis	hicieron
poder	to be able	pude	pudiste	pudo	pudimos	pudisteis	pudieron
poner	to put	puse	pusiste	puso	pusimos	pusisteis	pusieron
tener	to have	tuve	tuviste	tuvo	tuvimos	tuvisteis	tuvieron

PAST TENSE – IMPERFECT

Simply drop the last 2 letters of the verb and add the appropriate ending. For example, if you want to say "I used to dance", change the verb "bailar" to "bailaba."

	- AR	-ER/ - IR		- AR	- ER / -IR
yo	-aba	-ía	nosotros	-ábamos	-íamos
tú	-abas	-ías	vosotros	-abais	-íais
él, ella, Ud.	-aba	-ía	ellos, ellas, Uds.	-aban	-ían

3 main irregular verb

Verb	Meaning	yo	tú	él, ella, Ud.	nosotros	vosotros	ellos/as, Uds.
ir	to go	iba	ibas	iba	íbamos	ibais	iban
ser	to be	era	eras	era	éramos	erais	eran
ver	to see	veía	veías	veía	veíamos	veías	veían

Reflexive Verbs

For these verbs, you conjugate them as you normally would, then add one of the following in front of the conjugated verb.

For example:

yo	**me** lavo	nosotros	**nos** lavamos
tú	**te** lavas	vosotros	**os** laváis
él, ella, ud.	**se** lava	ellos, ellas, Uds.	**se** lavan

Otros ejemplos:
Me voy.
Te duermes.
Se cae.
Nos sentamos.
Os levantais.
Se secan.

Common "Regular" Verbs

AR VERBS

aceptar	to accept	besar	to kiss
admirar	to admire	escuchar	to listen
aconsejar	to advise	mirar	to look at
autorizar	to allow	buscar	to look for
llegar	to arrive	equivocarse	to make a mistake
*estar *(yo estoy)*	to be	mezclar	to mix
tomar	to take	llamar	to call
respirar	to breathe	notar	to note
cepillar	to comb	observar	to observe
quemar	to burn	pintar	to paint
comprar	to buy	pagar	to pay
llamar	to call	organizar	to organize
calmar	to calm	preparar	to prepare
verificar	to check	presentar	to present
peinar	to comb	castigar	to punish
entrar	to come in	empujar	to push
comparar	to compare	alquilar	to rent
continuar	to continue	reservar	to reserve
llorar	to cry	descansar	to rest
cortar	to cut	enviar	to envy
detestar	to detest	separar	to seperate
divorciar	to divorce	quedar	to stay
dibujar	to draw	estudiar	to study
secar	to dry off	lograr	to earn
borrar	to erase	nadar	to swim
examinar	to examine	tomar	to take
explicar	to explain	pasear	to take a walk
llenar	to fill	hablar	to talk
acabar	to finish	echar	to throw
olvidar	to forget	delinear	to trace
engordar	to gain weight	viajar	to travel
levantarse	to lift	apagar	to turn off
dar	to give	esperar	to wait
regresar	to go back	caminar	to walk
odiar	to hate	lavar	to wash
calentar	to heat	mirar	to watch
esperar	to hope	llevar	to wear
identificar	to identify	secar	to dry
informar	to inform	preocupar	to worry
invitar	to invite	gritar	to yell

ER VERBS

responder	to answer
creer	to believe
romper	to break
traer* *(yo traigo)*	to bring
escoger	to choose
toser	to cough
desaparecer	to disappear
desobedecer	to disobey
beber	to drink
comer	to eat
caer* *(yo caigo)*	to fall
suceder	to happen
tener*	to have
conocer* *(yo conozco)*	to know
aprender	to learn
deber	to must
obedecer	to obey
ofrecer* *(yo ofrezco)*	to offer
prometer	to promise
poner* *(yo pongo)*	to put
leer	to read
reconocer* *(yo reconozco)*	to recognize
parecer	to seem
vender	to sell

IR VERBS

asistir a	to attend
describir	to discover
destruir	to destroy
ir*	to go
salir* *(yo salgo)*	to go out
subir	to go up
abrir	to open
decir* *(yo digo)*	to say
servir	to serve
compartir	to share
sugerir	to suggest
escribir	to write
vivir	to live

Lección 1

Studies

accounting
advertising
anthropology
art
astronomy
biology
botany
business studies
chemistry
computer science
economics
fine arts
foreign language
geography
history
humanities
journalism
law
liberal arts
linguistics
literature
mathematics
medicine
music
natural sciences
painting
philosophy
physics
political science
psychology
sociology
zoology
To complete a
degree in _____
Earn money
To study
To take a course

Carrerras

contabilidad
publicidad
antropología
arte
astronomía
biología
botánica
estudios de negocio
química
informática
economía
bellas artes
idiomas extranjeros
geografía
historia
humanidades
periodisimo
derecho
artes liberales
lingüística
literatura
matemáticas
medicina
música
ciencias naturales
pintura
filosofía
física
ciencias políticas
psicología
sociología
zoología
Obtener un título en

_____
Ganar dinero
Estudiar
Tomar un curso

Profession

accountant
actor/actress
architect
colleague
dentist
doctor
engineer

Profesión

contador/contable
actor/actriz
arquitecto
colega
dentista
doctor/médico
ingeniero

fireman
journalist
lawyer
mechanic
musician
nurse
painter
police officer
professor
salesman
secretary
singer
social worker
teacher
technician
waiter
writer

bombero
periodista
abogado
mecánico
músico
enfermero/a
pintor
oficial de policía
profesor/a
vendedor
secretario/a
cantante
asistente social
maestro/a
técnico/a
camarero/a
escritor

73

Lección 2

Animals	Animales
dog	perro
cat	gato
horse	caballo
bee	abeja
cow	vaca
rooster	gallo
frog	rana
lion	león
owl	búho
rabbit	conejo
fox	zorro
monkey	mono
pig	cerdo
mouse	ratón
fish	pez
bird	pájaro
wolf	lobo
duck	pato
hen	gallina
sheep	oveja

Lección 3

Computers	**Computadoras**
cd-rom drive	mando de cd-rom
computer file	fichero
database	base de datos
electronic mail	correo electrónico
floppy disk	disco flexible
hard drive	disco duro
keyboard	teclado
monitor	monitor
mouse	ratón
network	red
portable computer	computadora portátil
printer	impresora
program	programa
to save	guardar
screen	pantalla
technology	tecnología
word processing	procesador de palabras

Money	**Dinero**
bills	cuentas
pay	pago
rent o mortgage	renta o hipoteca
electricity	electricidad
gas	gas
telephone	teléfono
water	agua
internet	internet
car	coche
insurance	seguro
cell phone	teléfono celular
food	comida
money order	giro postal

Lección 4

Household	Casa
door	puerta
ground floor	planta baja
2nd floor	primer piso
window	ventana
shutter	contraventana
roof	techo
chimney	chimenea
porch	porche
attic	ático
fence	cerca
garage	garaje
mailbox	buzón
doorbell	timbre
lawn	césped
shrubs	arbustos
tree	árbol
deck	terraza
balcony	balcón
sidewalk	acera
armchair	sillón
bookshelf	estante
curtain	cortina
lamp	lámpara
plant	planta
rug/carpet	alfombra
coffee table	mesa de centro
sofa	sofá
mirror	espejo
sink	lavabo
toilet	inodoro
shower	ducha
towel	toalla
faucet	llave/grifo
bathtub	bañera
cupboard	armario
sink	lavaplatos
counter	encimera
floor	suelo
drawer	cajón

Lección 5

Clarifying Expressions
What does __ mean?
What you are saying?
In other words...
What I want to say is...

Colloquial Expressions
Puerto Rico
Hey pal!
front yard
grocery store
orange
sofa
blanket
banana
loved one
umbrella

Cuba
Hello? (on phone)
Hi buddy!
Don't bother me!
glasses
wash dishes
tires
bus
peanuts
mom
my friend
dad

Mexico
Hello? (On the phone)
How's that? (What?)
What's up?
Oh my gosh!
Hurry up!
kid
child
turkey
blond
money
ranch songs
blanket
afternoon parties

Expresiones para clarificar
¿Qué significa _____?
¿Qué quiere decir?
O sea...
Lo que quiero decir es...

Jerga

¡Oye, tocallo!
batey
bodega
chino
caucho
frisa
guineo
negrito
sombrilla

¿Oigo?
¡Hola mi socio!
¡No chives!
espejuelos
fregar platos
gomas
guagua
maní
mima
mi viejo
pipo

¿Bueno?
¿Mande?
¿Qué onda?
¡Ay chihuahua!
¡Ándele!
chamaco
chavalo
guajolote
güero
pisto
rancheras
sarape
tardeadas

Spain
Hello? (On phone)
Cool!
Look out!
pen
to gossip
take a nap
nice people
nightlife in Spain
insult to yuppies
evening appetizers
a guy/"dude", a girl/"chick"
ok

Love & Friendship
I am...
married
single
divorced
engaged
widowed
lovers
engaged
couple
marriage
wedding
anniversary
I'm in love.
I love you.
I love you.
Dates
Did you enjoy it?
I had a nice time.
Can I see you later?
Will you marry me?
Would you like to...
dance?
eat?
take a walk?
go to a movie?
chat?
go out?
my love
sweetheart

¿Dígame?
¡Qué guay!
¡Ojo!
boli (short for bolígrafo)
cotillear
echarme una siesta
gente maja
la marcha
pijo
tapas
tío/a
vale

Amor y amistad
Estoy...
casado/a
soltero/a
divorciado/a
prometido/a
viudo/a
amantes
novios
pareja
matrimonio
boda
aniversario
Estoy enamorado/a.
Te quiero.
Te amo.
Citas
¿Te gustó?
Me divertí mucho.
¿Puedo verte más tarde?
¿Quieres casarte conmigo?
¿Te gustaría....
bailar?
comer?
dar un paseo?
ir al cine?
platicar?
salir?
mi amor
mi corazón

Lección 5 (continued)

my sweet	mi dulce
my treasure	mi tesoro
love of my life	mi vida
darling	querido/a
precious	precioso/a
my queen (only boy to girl)	mi reina
cute	chulo/a
good looking	guapo/a
beautiful	bella
lovely	hermosa
very pretty	linda
pretty	bonita

Lección 6

Reflexive verbs	Verbos reflexivos
to go to bed	acostarse
to shave oneself	afeitarse
to hurry up	apurarse
to kneel down	arrodillarse
to take a bath	bañarse
to brush	cepillarse
to turn around	darse la vuelta
to wake up	despertarse
to fall asleep	dormirse
to take a shower	ducharse
to go away, to leave	irse
to wash up (wash oneself)	lavarse
to get up	levantarse
to get in (enter something)	meterse
to put on	ponerse
to stay (to stay put)	quedarse
to take off	quitarse
to laugh	reirse
to dry off (dry oneself)	secarse
to sit down	sentarse
to feel	sentirse

Health	Salud
antibiotic	antibiótico
antiseptic	antiséptico
aspirin	aspirina
blood	sangre
bronchitis	bronquitis
burn	quemadura
cast	yeso
cold	resfriado
cough	tos
cough syrup	jarabe para la tos
death	muerte
diet	dieta
dizzy	mareado
drop	gota
fever	fiebre
flu	gripe
illness/sickness	enfermedad
indigestion	indigestión
infection	infección
injection/shot	inyección

medicine	medicamento
nausea	náusea
pain	dolor
prescripton	receta
remedy	remedio
sore throat	dolor de garganta
sunburn	quemadura de sol
swollen	hinchado/a
thermometer	termómetro
temperature	temperatura
toothache	dolor de muela
tonsilitis	amigdalitis

Lección 7

Law & Politics / Ley y politica

Law & Politics	Ley y politica
blame	culpa
courtroom	corte
crime	crimen
government	gobierno
jail	cárcel
justice	justicia
law	ley
lawsuit	pleito
liberty	libertad
lies	mentiras
political party	partido político
punishment	castigo
rights	derechos
trial	juicio
truth	verdad
vote	voto

World Issues / Temas mundiales

World Issues	Temas mundiales
abortion	aborto
AIDS	SIDA
cancer	cáncer
drugs	drogas
gangs	pandillas
immigration	inmigración
peace	paz
pollution	contaminación
poverty	pobreza
respect	respeto
sex	sexo
strike	huelga
stress	estrés
terrorists	terroristas
violence	violencia
war	guerra
weapons	armas

Religion / Religión

Religion	Religión
angel	ángel
Bible	biblia
Catholics	cátolicos
creation	creación
Christians	cristianos
devil	diablo
God	Dios
Holy Spirit	Espíritu Santo
Jesus Christ	Jesucristo
Jews	judíos
Mormons	mormones
Muslims	musulmanes
Saints	santos
Virgin	Virgen
soul	alma
heaven	cielo
faith	fe
funeral	funeral
hell	infierno
miracle	milagro
death	muerte
dead	muerto
life	vida

Stories from Class (TPRS)

Lección 2

Había un mono que vivía en el bosque tropical (rainforest). El mono se llamaba Pedro. Pedro tenía muchos amigos.

Liliana era un pez. Vivía en el río. Tico era un pájaro. Vivía en un arból muy alto y grande. Rosa era una serpiente. Vivía en el suelo del bosque tropical.

Un día, Pedro se encontró con un león. Se llamaba Alfredo. Inmediatamente, Pedro tuvo miedo. El león era muy grande y fuerte. Pedro se escondió en el bosque.

Pedro llamó a sus amigos. Pedro les preguntó, "¿Qué hacemos? El león es muy grande y fuerte. Creo que está perdido. Pero todavía tengo miedo. ¿Qué deberíamos hacer?"

Eso es lo que dijeron los amigos:

Liliana, el pez, le recomendó, "_____."
Tico, el pájaro, le dijo "_____."
Rosa, la serpiente, le recomendó, "_____."

Después de bastante conversación, decidieron _____.

Y todo fue bien de este momento.

Lección 4

Mi esposo y yo construimos una casa en el campo el año pasado. La constuimos en 6 meses, pero parecía más como ¡2 años!

Antes de nuestra casa nueva, vivimos en la ciudad en un apartamento de 2 habitaciones. Teníamos 2 hijos y 2 perros viviendo en este apartamento. ¡Era demasiado pequeño!

Nuestra casa nueva tiene 4 habitaciones. Usamos una habitación como oficina. Tenemos una garaje para 3 coches. También, tenemos tres baños y una cocina grandísima. Hay un huerto donde cultivamos muchos vegetales.

Nos encanta nuestra casa nueva.

Lección 5

Había un hombre, Emilio, que estaba enamorado de Silvia. En la opinión de Emilio, Silvia era la mujer más hermosa del todo el mundo. Pero había un problema. Silvia no sabía que Emilio existía.

Emilio intentaba hablar con Silvia, pero se ponía demasiado nervioso. No encontraba las palabras para hablar con ella.

Un día, Emilio tuvo su oportunidad. Silvia estaba trabajando en la oficina cuando una caja se cayó del estante encima de su cabeza. Inmediatamente, estaba inconsciente.

Emilio corrió hacia Silvia. Le agarró en los brazos. Y le abrazó muy fuerte. De repente, Silvia abrió los ojos. Le dijo a Emilio, "Ay, mi amor. Mi corazón. Mi vida."

Emilio le respondió, "Silvia, ¿quieres casarte conmigo?"

Y desde este día, Emilio y Silvia son inseparables.

Lección 6

Mi amiga Elena se sentía mal durante muchos días. Estaba mareada. Tenía naúseas. Al principio, pensaba que tenía la gripe. Pero no tenía fiebre.

Elena cambió su dieta. Comía más frutas y vegetales. También hacía más ejercicio. Pero todavía, sus síntomas no desaperecían.

Por fin, su esposo le dijo, "Tienes que ir al doctor. Estoy muy preocupado por tí." Al día siguiente, Elena fue al doctor. ¡Elena estaba embarazada!

¡Qué suerte! Después de 10 años sin hijos, por fin su sueño se había realizado. ¡Qué maravilla!

Glossary: English - Spanish

abortion	aborto	cough	tos
accountant	contador	cough syrup	jarabe para la tos
accounting	contabilidad	counter	encimera
actor/actress	actor/actriz	couple	pareja
advertising	publicidad	courtroom	corte
AIDS	SIDA	cow	vaca
angel	ángel	creation	creación
animals	animales	crime	crimen
anniversary	aniversario	cupboard	armario
anthropology	antropología	curtain	cortina
antibiotic	antibiótico	cute	chulo/a
antiseptic	antiséptico	dance	bailar
architect	arquitecto	darling	querido/a
armchair	sillón	database	base de datos
arts	artes	date	cita
aspirin	aspirina	dead	muerto
astronomy	astronomía	death	muerte
attic	ático	deck	terraza
balcony	balcón	dentist	dentista
bathtub	bañera	devil	diablo
beautiful	bella	Did you enjoy it?	¿Te gustó?
bee	abeja	diet	dieta
Bible	biblia	divorced	divorciado/a
bills	cuentas	dizzy	mareado
biology	biología	doctor	doctor/médico
bird	pájaro	dog	perro
blame	culpa	door	puerta
blood	sangre	doorbell	timbre
bookshelf	estante	drawer	cajón
botany	botánica	drop	gota
bronchitis	bronquitis	drugs	drogas
burn	quemadura	duck	pato
business studies	estudios de negocio	earn money	ganar dinero
Can I see you later?	¿Puedo verte más tarde?	eat	comer
cancer	cáncer	economics	economía
car	coche	electricity	electricidad
cast	yeso	electronic mail	correo electrónico
cat	gato	engaged	novios
Catholics	cátolicos	engaged	prometido/a
cd-rom drive	mando de cd-rom	engineer	ingeniero
cell phone	teléfono celular	faith	fe
chat	platicar	faucet	llave/grifo
chemistry	química	fence	cerca
chimney	chimenea	fever	fiebre
christians	cristianos	fine arts	bellas artes
coffee table	mesa de centro	fireman	bombero
cold	resfriado	fish	pez
colleague	colega	floor	suelo
computer file	fichero	floppy disk	disco flexible
computer science	informática	flu	gripe
computers	computadoras	food	comida

83

foreign language	idiomas extranjerso	lion	león
fox	zorro	literature	literatura
frog	rana	love of my life	mi vida
funeral	funeral	lovely	hermosa
gangs	pandillas	lovers	amantes
garage	garaje	mailbox	buzón
gas	gas	marriage	matrimonio
geography	geografía	married	casado/a
go out	salir	mathematics	matemáticas
go to a movie	ir al cine	mechanic	mecánico
God	Dios	medicine	medicamento
good looking	guapo/a	medicine	medicina
government	gobierno	miracle	milagro
ground floor	planta baja	mirror	espejo
hard drive	disco duro	money	dinero
health	salud	money order	giro postal
heaven	cielo	monitor	monitor
hell	infierno	monkey	mono
hen	gallina	Mormons	mormones
history	historía	mouse	ratón
Holy Spirit	Espíritu Santo	music	música
horse	caballo	musician	músico
humanities	humanidades	Muslims	musulmanes
I had a nice time	Me divertí mucho	my love	mi amor
I love you	te amo	my queen	mi reina
I love you	te quiero	my sweet	mi dulce
I'm in love	estoy enamorado/a	my treasure	mi tesoro
illness/sickness	enfermedad	natural sciences	ciencias naturales
immigration	inmigración	nausea	náusea
in other words...	o sea...	network	red
indigestion	indigestión	nurse	enfermero/a
infection	infección	owl	búho
injection/shot	inyección	pain	dolor
insurance	seguro	painter	pintor
internet	internet	painting	pintura
jail	cárcel	pay	pago
Jesus Christ	Jesucristo	peace	paz
Jews	judíos	philosophy	filosofía
journalism	periodisimo	physics	física
journalist	periodista	pig	cerdo
justice	justicia	plant	planta
keyboard	teclado	police officer	oficial de policía
lamp	lámpara	political party	partido político
law	derecho	political science	ciencias políticas
law	ley	pollution	contaminación
lawn	césped	porch	porche
lawsuit	pleito	portable computer	computadora portátil
lawyer	abogado	poverty	pobreza
liberal arts	artes liberales	precious	precioso/a
liberty	libertad	prescripton	receta
lies	mentiras	pretty	bonita
life	vida	printer	impresora
linguistics	linguistica	professor	profesor/a

program	programa	to get up	levantarse
psychology	psicología	to go away, to leave	irse
punishment	castigo	to go to bed	acostarse
rabbit	conejo	to hurry up	apurarse
religion	religión	to kneel down	arrodillarse
remedy	remedio	to laugh	reirse
rent o mortgage	renta o hipoteca	to put on	ponerse
respect	respeto	to save	guardar
rights	derechos	to shave oneself	afeitarse
roof	techo	to sit down	sentarse
rooster	gallo	to stay	quedarse
rug/carpet	alfombra	to study	estudiar
Saints	santos	to take a bath	bañarse
salesman	vendedor	to take a course	tomar un curso
screen	pantalla	to take a shower	ducharse
second floor	primer piso	to take off	quitarse
secretary	secretario/a	to turn around	darse vuelta
sex	sexo	to wake up	despertarse
sheep	oveja	to wash up	lavarse
shower	ducha	toilet	inodoro
shrubs	arbustos	tonsilitis	amigdalitis
shutter	contraventana	toothache	dolor de muela
sidewalk	acera	towel	toalla
singer	cantante	tree	árbol
single	soltero/a	trial	juicio
sink	lavabo	truth	verdad
sink	lavaplatos	very pretty	linda
social worker	asistente social	violence	violencia
sociology	sociología	Virgin	Virgen
sofa	sofá	vote	voto
sore throat	dolor de garganta	waiter	camarero/a
soul	alma	war	guerra
stress	estrés	water	agua
strike	huelga	weapons	armas
sunburn	quemadura de sol	wedding	boda
sweetheart	mi corazón	What does _____ mean?	¿Qué significa _____?
swollen	hinchado/a	What I want to say is...	Lo que quiero decir es…
take a walk	dar un paseo	What you are saying?	¿Qué quiere decir?
teacher	maestro/a	widowed	viudo/a
technician	técnico/a	Will you marry me?	¿Quieres casarte conmigo?
technology	tecnología	window	ventana
telephone	teléfono	wolf	lobo
temperature	temperatura	word processing	procesador de palabras
terrorists	terroristas	Would you like to…?	¿Te gustaría….?
thermometer	termómetro	writer	escritor
to brush	cepillarse	zoology	zoología
to complete a degree in _____	obtener un título en _____		
to dry off	secarse		
to fall asleep	dormirse		
to feel	sentirse		
to get in (enter something)	meterse		

Glosario: español - inglés

aborto	abortion	cantante	singer
abeja	bee	cárcel	jail
abogado	lawyer	casado/a	married
acera	sidewalk	castigo	punishment
acostarse	to go to bed	cátolicos	Catholics
actor/actriz	actor/actress	cepillarse	to brush
afeitarse	to shave oneself	cerca	fence
agua	water	cerdo	pig
alfombra	rug/carpet	césped	lawn
alma	soul	chiminea	chimney
amantes	lovers	chulo/a	cute
amigdalitis	tonsilitis	cielo	heaven
ángel	angel	ciencias naturales	natural sciences
animales	animals	ciencias políticas	political science
aniversario	anniversary	cita	date
antibiótico	antibiotic	coche	car
antiséptico	antiseptic	colega	colleague
antropología	anthropology	comer	eat
apurarse	to hurry up	comida	food
árbol	tree	computadora portátil	portable computer
arbustos	shrubs	computadoras	computers
armario	cupboard	conejo	rabbit
armas	weapons	contabilidad	accounting
arquitecto	architect	contador	accountant
arrodillarse	to kneel down	contaminación	pollution
artes	arts	contraventana	shutter
artes liberales	liberal arts	correo electrónico	electronic mail
asistente social	social worker	corte	courtroom
aspirina	aspirin	cortina	curtain
astronomía	astronomy	creación	creation
ático	attic	crimen	crime
bailar	dance	cristianos	christians
balcón	balcony	cuentas	bills
bañarse	to take a bath	culpa	blame
bañera	bathtub	dar un paseo	take a walk
base de datos	database	darse vuelta	to turn around
bella	beautiful	dentista	dentist
bellas artes	fine arts	derecho	law
biblia	Bible	derechos	rights
biología	biology	despertarse	to wake up
boda	wedding	diablo	devil
bombero	fireman	dieta	diet
bonita	pretty	dinero	money
botánica	botany	Dios	God
bronquitis	bronchitis	disco duro	hard drive
búho	owl	disco flexible	floppy disk
buzón	mailbox	divorciado/a	divorced
caballo	horse	doctor/médico	doctor
cajón	drawer	dolor	pain
camarero/a	waiter	dolor de garganta	sore throat
cáncer	cancer	dolor de muela	toothache

dormirse	to fall asleep	ir al cine	go to a movie
drogas	drugs	irse	to go away, to leave
ducha	shower	jarabe para la tos	cough syrup
ducharse	to take a shower	Jesucristo	Jesus Christ
economía	economics	judíos	Jews
electricidad	electricity	juicio	trial
encimera	counter	justicia	justice
enfermedad	illness/sickness	lámpara	lamp
enfermero/a	nurse	lavabo	sink
escritor	writer	lavaplatos	sink
espejo	mirror	lavarse	to wash up
Espíritu Santo	Holy Spirit	león	lion
estante	bookshelf	levantarse	to get up
estoy enamorado/a	I'm in love	ley	law
estrés	stress	libertad	liberty
estudiar	to study	linda	very pretty
estudios de negocio	business studies	linguistica	linguistics
fe	faith	literatura	literature
fichero	computer file	llave/grifo	faucet
fiebre	fever	Lo que quiero decir es…	What I want to say is...
filosofía	philosophy		
física	physics	lobo	wolf
funeral	funeral	maestro/a	teacher
gallina	hen	mando de cd-rom	cd-rom drive
gallo	rooster	mareado	dizzy
ganar dinero	earn money	matemáticas	mathematics
garaje	garage	matrimonio	marriage
gas	gas	me divertí mucho	I had a nice time
gato	cat	mecánico	mechanic
geografía	geography	medicamento	medicine
giro postal	money order	medicina	medicine
gobierno	government	mentiras	lies
gota	drop	mesa de centro	coffee table
gripe	flu	meterse	to get in (enter something)
guapo/a	good looking	mi amor	my love
guardar	to save	mi corazón	sweetheart
guerra	war	mi dulce	my sweet
hermosa	lovely	mi reina	my queen
hinchado/a	swollen	mi tesoro	my treasure
historia	history	mi vida	love of my life
huelga	strike	milagro	miracle
humanidades	humanities	monitor	monitor
idiomas extranjerso	foreign language	mono	monkey
impresora	printer	mormones	Mormons
indigestión	indigestion	muerte	death
infección	infection	muerto	dead
infierno	hell	música	music
informática	computer science	músico	musician
ingeniero	engineer	musulmanes	Muslims
inmigración	immigration	náusea	nausea
inodoro	toilet	novios	engaged
internet	internet	o sea…	in other words...
inyección	injection/shot		

87

obtener un título en ___	to complete a degree in ___	renta o hipoteca	rent o mortgage
oficial de policía	police officer	resfriado	cold
oveja	sheep	respeto	respect
pago	pay	salir	go out
pájaro	bird	salud	health
pandillas	gangs	sangre	blood
pantalla	screen	santos	Saints
pareja	couple	secarse	to dry off
partido político	political party	secretario/a	secretary
pato	duck	seguro	insurance
paz	peace	sentarse	to sit down
periodisimo	journalism	sentirse	to feel
periodista	journalist	sexo	sex
perro	dog	SIDA	AIDS
pez	fish	sillón	armchair
pintor	painter	sociología	sociology
pintura	painting	sofá	sofa
planta	plant	soltero/a	single
planta baja	ground floor	suelo	floor
platicar	chat	te amo	I love you
pleito	lawsuit	¿Te gustaría….?	Would you like to…?
pobreza	poverty	¿Te gustó?	Did you enjoy it?
ponerse	to put on	te quiero	I love you
porche	porch	techo	roof
precioso/a	precious	teclado	keyboard
primer piso	second floor	técnico/a	technician
procesador de palabras	word processing	tecnología	technology
profesor/a	professor	teléfono	telephone
programa	program	teléfono celular	cell phone
prometido/a	engaged	temperatura	temperature
psicología	psychology	termómetro	thermometer
publicidad	advertising	terraza	deck
¿Puedo verte más tarde?	Can I see you later?	terroristas	terrorists
puerta	door	timbre	doorbell
¿Qué quiere decir?	What you are saying?	toalla	towel
¿Qué significa ___?	What does ___ mean?	tomar un curso	to take a course
¿Quieres casarte conmigo?	Will you marry me?	tos	cough
quedarse	to stay	vaca	cow
quemadura	burn	vendedor	salesman
quemadura de sol	sunburn	ventana	window
querido/a	darling	verdad	truth
química	chemistry	vida	life
quitarse	to take off	violencia	violence
rana	frog	Virgen	Virgin
ratón	mouse	viudo/a	widowed
receta	prescripton	voto	vote
red	network	yeso	cast
reirse	to laugh	zoología	zoology
religión	religion	zorro	fox
remedio	remedy		

About Pronto Spanish

www.prontospanish.com

At Pronto Spanish, we believe that:

- People can learn another language efficiently and effectively in an enjoyable, relaxed, and low-key atmosphere.

- Communication among people is the key to peace and harmony in neighborhoods, in the workplace and beyond. Language barriers can and should be broken down.

- All people, regardless of national origin, sex, gender, race, orientation or ethnicity, deserve to be treated with respect and dignity and at all times.

To learn more about our products below, please visit our website at www.prontospanish.com.

Title
¡A Conversar! 1 Student Workbook w/Audio CD
¡A Conversar! 1 Instructor's Guide
¡A Conversar! 2 Student Workbook w/Audio CD
¡A Conversar! 2 Instructor's Guide
¡A Conversar! 3 Student Workbook w/Audio CD
¡A Conversar! 3 Instructor's Guide
¡A Conversar! 4 Student Workbook w/Audio CD
¡A Conversar! 4 Instructor's Guide
¡A Trabajar! - An Occupational Spanish Course - Student Workbook
¡A Trabajar! - An Occupational Spanish Course - Instructor's Guide

Pronto Spanish also offers 15 online occupational Spanish courses, including Spanish for Educators, Spanish for Health Care, and Spanish for Construction.

About the Author

Tara Bradley Williams, founder of **Pronto Spanish** and author of the **¡A Conversar!** series has many years of Spanish teaching experience at the high school and community college levels. Through her teaching, she found that many students simply wanted to learn Spanish in an enjoyable way in order to communicate on a basic level without having to learn grammar rules taught in a traditional academic setting. Pronto Spanish and ¡A Conversar! was created just for these people.

Tara has a BA degree in Spanish and Sociology from St. Norbert College and a MA in Higher Education and Adult Studies from the University of Denver. She has studied Spanish at the Universidad de Ortega y Gasset, in Toledo, Spain and has lived and traveled extensively in Spain and Latin America. Tara currently lives in Wisconsin with her husband and three children.

¡A CONVERSAR! 4 Audio Downloads

Go to www.ProntoSpanish.com to download audio files for the Spanish vocabulary and stories found in ¡A Conversar! Level 4.

1- Introduction

Lección 1
2 - Studies
3 - Professions

Lección 2
4 - Animals
5 - Story

Lección 3
6 - Computers
7 - Money

Lección 4
8 - Household
9 - Story

Lección 5
10 - Clarifying Expressions
11 - Slang
12 - Love & Dating
13 - Story

Lección 6
14 - Reflexive Verbs
15 - Health
16 - Story

Lección 7
17 - Law & Politics
18 - World Issues
19 - Religion
20 - Story